AF365857

LA ROSA EN
EL CONTENEDOR DE BASURA

ExLibric

ADRIANO FERRER LÓPEZ

LA ROSA EN
EL CONTENEDOR DE BASURA

EXLIBRIC

ANTEQUERA 2021

ADRIANO FERRER LÓPEZ

LA ROSA EN
EL CONTENEDOR DE BASURA

Índice

Palabras preliminares

Desde el umbral doy la bienvenida a quienes quieran vivir una intensa experiencia lírica con palabras de todos los días, pero unidas de forma insólita, originalísima, tanto que se convierten en flechas directas al corazón y al pensamiento. *La rosa en el contenedor de basura* es auténtica poesía, la de verdad; y como recuerda en su prólogo El indigente E., «con estas cosas de la poesía, mi abuelo a menudo me recordaba que había que tener cuidado, porque toda ella sirve para vaciar los espíritus». Se vacía él al escribirla, y se llena la persona al leerla. ¿Se acuerdan del principio de los vasos comunicantes? Pues la creación poética lo desmiente, porque tiene sus propias leyes, y una es que el alma se vacía en los buenos poemas, y estos rebosan de sentimientos a la espera del lector que sepa hacérselos suyos.

¿Una rosa en el contenedor de basura? La rosa florece porque es su esencia hacerlo. No importa dónde, pero necesita palabras para verlo, para contarlo, palabras que ardan: «Árboles de invierno para flores de incendio». Y hay una clave para seguir sin perderse en el laberinto de la hermosa creación que El indigente ofrece a cambio de los buenos gestos de ofrecerle un lugar junto al nuestro: «El incendio es el lenguaje».

Palabras que estallan, frases que llevan adonde no imaginábamos porque las que ponen las reglas son ellas: la emoción y la retórica. Y a veces construyen, pero otras lo derrumban todo. Asoma la sinestesia: «A diario la sonrisa oculta el sonido de los tambores», y la paradoja lo consume todo: el espacio es el vacío, la certeza es la perplejidad. Las palabras no están donde podíamos esperar, pero son ellas. Sí, ellas, las que vienen a nuestro encuentro con su significado a cuestas, aunque es cierto que con el camino nos llega en posición distinta a la habitual.

«Con hambre en los gestos y voz de isla repasa, por última vez, el guion», lo hace «el muchacho viejo» que, como Anna Karenina, luego «se deja caer sobre las vías en el instante en que el tren hace su ingreso». Y aparecen las rosas como heridas de su cuerpo, «un libro sin palabras». Olvido, silencios, cenizas, «el grito y su red infinita», en la rosa, en todas partes. Y de pronto leemos una voz; quizás lo que nos diga va a apagar el incendio, pero es imposible pensarlo tan siquiera. Solo aumenta nuestra duda en ese espacio poético que tiene todas las ventanas abiertas exhibiendo perplejidades:

> *Estoy al margen de la obra,*
> *detrás del crepúsculo del creador.*
> *Pero, ¿quién es el creador de esta compacta sombra*
> *de conjeturas, de este museo de animales extraños?*

Son «animales huecos cansados de vivir», y no hay Edipo que descifre el enigma de la esfinge que aparece dibujada en cada página. Es hora ya de entrar en el mundo del surrealismo de la mano de «ángeles de largas trenzas / y corazones de aceite», como dijo Federico García Lorca.

> *De pronto*
> *las alas se volvieron razonamientos*
> *y la implacable rosa extendía sus enigmas*

sobre la soledad del que observa
las noches del ahorcado.

Duele la belleza porque, perdida en laberintos, está amasada con soledad, con tristeza, con la nada más absoluta, con el dolor inmenso de la nostalgia que invade ese vacío total del yo lírico:

Sentado en mi viejo mecedor de junco,
hecho ya una sombra para los espejos,
me pongo a contemplar mi estado
y salen mares grises de mis ojos:
una habitación en ruinas es mi vida…

Y como «una enorme melancolía sostiene el mundo», desde el otro lado del espejo puede verse ese gigante Atlas en su tarea eterna:

Claridad de estrellas falsas establecidas
en el argumento de los objetos…

En esa inmensidad de lo ido, en los fragmentos de brillos que la palabra no usada recoge, está la hermosura de lo creado por Adriano Ferrer López:

Toda verdad única es música,
roja residencia de pájaros y misterios.

Música amasada con el dolor del pensamiento lúcido, con la hermosura de la retórica nueva, con la originalidad del sentir de otra forma, con el peso de la memoria de la ausencia definitiva. En la música del verso bailan cenizas y palabras aún ardiendo, porque «el alma es el espejo de un Universo indestructible».

Es esta una bienvenida a un naufragio de azucenas y de esperanzas, pero las palabras, hermosamente líricas, han aprendido a andar sobre las aguas.

Rosa Navarro Durán

I. LA ROSA EN EL CONTENEDOR DE BASURA

Para Adriana

A modo de prólogo

Al ir buscando en los contenedores de basura algo que llevarme a la boca hallé, entre naranjas y carnes descompuestas, hierros oxidados, pan enmohecido y otras inmundicias, este breve fajo de papeles sucios. Amarrados a él, con una cinta negra, una rosa roja exhibía tristemente su belleza y su decadencia.

Yo muy a las justas sé leer y escribir, pero con estas cosas de la poesía, mi abuelo a menudo me recordaba que había que tener cuidado porque toda ella sirve para vaciar los espíritus. Y como la otra noche de lluvia y frío que se comía la piel, usted me invitó a cenar junto a su mesa y me brindó un lugar donde recostar el sueño, a mí me pareció que estas canciones dibujadas algún valor tenían y decidí enviárselas como agradecimiento. Unos versos a cambio de buenos gestos parecen una experiencia insólita, pero así ocurrió. Y me alegro por ello. Muchas gracias.

Un abrazo fuerte.

El indigente E.

«No me despreciéis por ser miserablemente bella».

«…a quien vale tanto y es tan digna de ser amada
que se debe llamar rosa».
Guillaume de Lorris, circa 1200-1260

«La rosa sin por qué florece porque florece».
Angelus Silesius, 1624-1677

«¡No le toques ya más,
que así es la rosa!».
Juan Ramón Jiménez, 1881-1958

«Porque, a pesar de todo, la rosa no se cansa de florecer».
Fárago de Tebas, ¿?

1

Árboles de invierno para flores de incendio.
Arden los manuscritos y las palabras, no el lenguaje.
El incendio es el lenguaje.

2

Y, de repente,
un suspiro, con los ojos fijos en la taza de café,
es un laberinto.

Durante el tiempo que esperamos,
sentados cómodamente y fumando un cigarrillo,
a alguien que no vendrá,
descubrimos la nueva historia del moribundo.
Somos humanos, de repente.

3

25

A diario se abren las puertas
y surge la destrucción de los signos.
A diario la sonrisa oculta
el sonido de los tambores.

4

Es reclinar los huesos sobre la mesa
de los dueños de la casa,
es amasar la noche trémula de mí,
y en mí aparecer los fragmentos
que intentan justificar mi estancia.

5

Yo deliro conjurando vacíos.
La razón se une al rito.
Ella y yo danzamos dentro de la jaula.

6

La lluvia y su contacto con la naturaleza es el enigma
que ya nadie recuerda.
El fuego de la lluvia crece
en su bello estado de perplejidades.

7

Es la simplificación del juego en esas hojas marchitas,
es el otoño como una ruleta acechándonos
miserablemente.

8

Mi sufrimiento es una barca hundiéndose,
si al besarte tus labios se rompen
y las ventanas de tu habitación se abren
para devolverme a la noche que me trajo hasta ti.

9

Con hambre en los gestos y voz de isla
repasa, por última vez, el guion.
Toda la gente que espera ansiosa la llegada del tren
no sabe siquiera que él existe.
No hay luz en los ojos de esa gente.
El tren que se aproxima es una ninfa.
El muchacho viejo siente que ya es la hora.
Se arregla un poco el cuello de la camisa y el pelo rizado;
luego esboza una leve sonrisa
y se deja caer sobre las vías
en el instante en que el tren hace su ingreso.

La gente ahora sabe que, el viejo muchacho, existía.
La gente ahora sabe que las heridas del muchacho viejo
son rosas rojas, y su cuerpo, un libro sin palabras.

Pero no ha ocurrido el milagro
porque es el viejo muchacho —ya cadáver—
quien mira dolorosamente a los otros cadáveres
que lo culpan de llegar tarde al trabajo.

10

Esta es la tierra que ha de germinar tu olvido;
este, el espejo que fractura tus silencios;
este, el viento que ha de soñar con tus cenizas.

11

Hay vida cotidiana y trozos de primavera
como basura púrpura pudriéndose en los bolsillos,
en los trajes, en las gafas, en los cabellos,
en los cajeros, en el tabaco, en los crucifijos,
en los tacones…

12

El grito y su red infinita en el cuerpo de esta rosa
que te mira;
bebe del hermoso flujo de su espíritu.

13

Estoy al margen de la obra,
detrás del crepúsculo del creador.
Pero, ¿quién es el creador de esta compacta sombra
de conjeturas, de este museo de animales extraños?

II. ANIMALES HUECOS
CANSADOS DE VIVIR

«Ser una marioneta en llamas en el centro de tu nombre».

Rutina

Pensé:
«Murmullos del tiempo en este olvido,
zapatos blancos le hacen falta a la noche
y ascensores que vuelen más alto que los ángeles».

Llego a casa y ella está allí, sentada,
esperando a que yo le devuelva su muerte.
Nos abrazamos. Siento el fulgor de una tortura mística.
Dos islas destruyéndose amablemente,
inexorablemente.
Ha nacido otro ser. Germinación,
obra perfecta de un dolor,
música hecha de instantes inasibles.

Muy poca agua para tanta sed

La certeza del agua se precipita entre las calles
y las palomas.
Tu rostro, en esas partículas sonoras, era hermoso.
Tu rostro en mi rostro ya no me pertenece.

Quise calmar mi sed y tenía la garganta rota.

De pronto,
las alas se volvieron razonamientos
y la implacable rosa extendía sus enigmas
sobre la soledad del que observa
las noches del ahorcado.

Entonces, elijo caer sobre este crepúsculo
para evitar el aspecto siniestro
que me darán los tulipanes cuando agiten sus pañuelos.
Es invierno y llueven ojos atónitos.
Algo me decía que la armonía de las cenizas
era un cisne en agonía.

PIGMALIÓN EN EL GIMNASIO

Pero ya nada sería igual para ti,
luego de haber contemplado en las duchas del gimnasio
la hermosa exhibición de su desnudez:
el agua y el jabón deslizándose
por sus pectorales de halcón bruñido,
por el vértigo de sus nalgas
y de su sexo detenido en el tiempo,
te producían un éxtasis de viento rojo,
un infinito triturar de amaneceres.
Tener de cerca ese cuerpo tan juvenil como el tuyo,
pero distinto en su diseño de árbol,
formaba parte de un plan vehemente…
Ya desde el mar de tu niñez lo habías convertido
en el ídolo privado de todos tus pensamientos
y de muchos de tus sueños trémulos,
en donde un toro con el rostro de un crepúsculo
te lanzaba a los jardines púrpuras.
Frente al ojo del espejo tu imagen de buen muchacho
escondía un mundo secreto…
Y tus lágrimas pudriéndose al contacto con la lluvia
podían muy bien resumir el estado
de tus melancolías más puras.
Lo peor era que, casi siempre que lo tenías a tu lado,
no podías confesarle la profundidad
de tus *extraños* sentimientos,
porque una o dos mujeres amarraron para siempre

sus labios y sus horas sin luz.
En casa y a solas, entonces, todo tu ser
cegado por los desconsuelos
diseñó un ruido blanco. Un ruido blanco, nítido,
similar al estertor de un muñeco quemándose.
El dolor adoptó su habitual forma de caníbal.

Comprobaste que tus pretensiones carecían de sentido ya,
pero te negabas a admitirlo porque —según tú—
hallabas placer con esta especie de *martirio necesario.*
Te pregunté:
¿Habrá una droga mayor que la obsesión
por lo superficial?
Me respondiste:
Salvo la muerte, todo es superficial…
El vacío reinaba en la habitación de tu alma:
dentro de ella un escultor de cuerpos
tenía las manos encadenadas
y vivía temiendo que otros dulces animales
de este psiquiátrico que es el mundo,
carentes del valor esencial de la estética,
estropearan la obra de arte que había hecho suya
por las negligencias de la razón.
(¿Acaso se puede ser Dios con las manos atadas?)

Creíste encontrar en los atributos de aquel amigo ingenuo
(porque solo era eso, un amigo ingenuo),
el auténtico significado de la perfección humana:
el placer por la carne absolutamente inmune al espíritu.

Una vez experimentada esa felicidad,
esa única y breve felicidad,
dejaste que el policía hiciera fuego, mientras devorabas
el corazón de tu amada criatura.

(El cuchillo manchado de sangre
cumplió con su función primigenia).

Nadie sabía que desde siempre
habías llevado mil máscaras
y que yo moría contigo ahí,
en mitad de las duchas del gimnasio.

En la selva miserable de los días aciagos

Para Karla Núñez Alvarado y otras estrellas
que miran hacia la sabiduría de la hoguera

Esta noche, de repente, entre perfumes de eucalipto,
me ha entrado la nostalgia.
Sentado en mi viejo mecedor de junco,
hecho ya una sombra para los espejos,
me pongo a contemplar mi estado
y salen mares grises de mis ojos:
una habitación en ruinas es mi vida...
Un bodegón en tinieblas...
Un sueño soñado por la lechuza muda...

El fuego nace cuando los leños se besan;
la muerte, cuando la vida y el vacío se encuentran
en la selva miserable de los días aciagos.
El calor de la hoguera envuelve con su manto
mi cuerpo y mis memorias.
El viento irrumpe por mi ventana rota
con su trote de caballo.
Tras un breve parpadeo la tenue llama se ha extinguido.
Un hilo de humo abandona las rojas brasas
y se pierde en la alfombra de esta oscuridad inmensa.
Entonces, en esta cabaña de barro y piedra,

la soledad duele más que las tristezas.
La vegetación se ha quedado afuera
y la lluvia está moja que moja hasta los suspiros.

Bien te veo, tiempo malvado,
derramar noches sobre mis años…

En este frío silencio de murmullos,
mi corazón grita enmudecido sus fragmentos.
La luna desde su balcón florece luces de plata.
Mañana también volveré a morir…

AMELIA

Pronto empezó a soñar con otro invierno. Un invierno en donde el frío, la lluvia y la nieve no le mordían tan perversamente los huesos y, en donde, además, Amelia, rejuvenecida, dentro de su habitación, exhibía incansable la serena belleza de su pubis frente al espejo. Sí, sí, Amelia, la de ojos claros y labios crepusculares, que ahora se aproximaba hasta él… Amelia rozando sus senos vivos por los contornos del sexo contumaz de él. La cama es una isla roja; los amantes, sombras reflejadas dentro de una taza de té. De repente, las agujas del reloj se detienen. Amelia, entonces, aprieta con sus manos el cuello de su creador… La luna observa muda y atónita la escena… Las primeras luces del alba entran por la ventana del geriátrico. Del soñador —inerte ya— solo queda una espléndida desnudez a pesar de su decadencia.

Animales huecos cansados de vivir

Yo me fui un día y no volví…

Hay rostros que se multiplican detrás de la noche.
Tengo miedo, madre de los crepúsculos más rojos,
tengo miedo de los pensamientos de la lluvia,
de las palabras nocturnas en mi corazón.

Hay sombras que nadie proyecta
en este jardín de pájaros
y los vientos tocan tambores fúnebres.

Atesoro memorias en estos zapatos viejos
y el buitre me devora desde el silencio
de todas las formas.
Tengo miedo, señora del alba.

La muerte con su cabello de oro negro
y estos animales huecos cansados de vivir
danzan en mi habitación.

Mis amados huesos debajo de tus ojos florecen.

El reloj y los ángeles se abren al rocío de la noche.
Es hora de entrar con los ojos abiertos.

III. UNA ENORME MELANCOLÍA SOSTIENE EL MUNDO

A Isidro Infantes,
el hacedor de noches con su pelo blanco.

1

Acabo de morir y aquí me estoy frente a ti
con mis huesos tristes.
Un amor pudriéndose en el vuelo de los pájaros
más extenuados.

2

Las palabras danzan en torno a la luz
que odian los ciegos.
Entran en ti,
en ese jardín cóncavo de animales por nacer.

3

Los despojos de este corazón,
que antes fueron lluvias y piedras,
pintan la teoría del pájaro libre.

4

No pude vencer la rebelión de los silencios.
No pude atesorar las ternuras.
Dejé que la vieja dama cargara con mi cadáver.

5

Es triste saber que el amor no es la respuesta,
que en una habitación la noche se simplifica.
No te vayas.
Sin ti el miedo me cubre la boca
y buitres entran por las ventanas.
No te vayas.

6

Alguien dibuja sobre las paredes
todos mis vacíos,
todos los cerezos
antes de los días que no vendrán.

7

Claridad de estrellas falsas establecidas
en el argumento de los objetos.
Una enorme melancolía sostiene el mundo.

8

Mañana mi trabajo consistirá
en fragmentar brillos.
Pero, ahora,
el sueño agita su dimensión corpórea.

9

¿Y qué es existir dentro de ti?
Una variación de la nada.
¿Y qué rostros albergará este dolor?
He aquí una intromisión del tiempo.

10

Lo cierto es que un alma porta máscaras.
Y el deseo de algo que no existe refulge siempre,
siempre refulge la cicatriz,
el inútil trabajo de la noche.

11

El alma es el espejo de un Universo indestructible,
bien lo sé.
Nada sabemos de ese milagro.
Ese es el milagro.

12

Mi voz no contiene palabras,
mi voz alberga relojes
y un puñado de ángeles pudriéndose.

13

Veo tu corazón devorado por ellos,
ellos, los dueños del alba,
los patriarcas del caos.
Ellos
que ahora se visten de vientos
y agitan la pureza del polvo.

14

Es otoño en mis ojos.
La casa es tan grande que no cabe nadie.
Entonces me digo:
un viejo no es más que una voz
y una sombra que nadie quiere acariciar.

15

La muñeca teje pétalos cuando es de noche.
En este mundo ella lleva mi nombre
en su transparencia.
Adentro de sus ojos ella esconde mis fragilidades.
Sus manos asumen la función del tiempo.
Mañana, una ausencia, mil ausencias
en todo su esplendor de gaviota lila.

16

Un hombre arde en mitad de la calle.
Es sol, es llama de un pensamiento,
razón del cuerpo y la máscara.
Luego todos los hombres arden.

17

Crepúsculos de ceniza atesorando misterios.
Abrimos las puertas del día.
Nadie entra, nadie sale
en esta hermosa fiesta del absurdo.

18

Dime que el amado dolor
existe en esas ninfas,
dime si la rosa florece
a pesar de mis mutilaciones.
Dime las muertes que no tendré,
dime que el viento es un caballo brillante.

19

Yo sé que sostengo la oscuridad de la sabiduría.
Yo sé que los signos forjan mis delirios,
que hay amor en los ojos del muerto.

20

Dentro de poco
todo el amor de nadie será suficiente.
Dentro de poco
mis poemas se sacarán los ojos.

21

75

Este barco infinito cargando despojos,
este naufragio infinito de azucenas,
este fingir infinito en los espejos…

22

Es de noche y ángeles viejos
danzan al ritmo de los tambores.
Hay un Dios recluido en la multitud
que no dirá su nombre.
La luna se une al rito.
Siempre fue de noche en esta casa.

23

El rito del lenguaje no alcanza
para el bello dolor de las lágrimas.
La herida del lenguaje
manifestándose en este psiquiátrico de ciegos.
He allí la insistencia del lobo
y su cetrino homenaje a los laberintos.

24

La tierra alberga
el corazón de los huérfanos.
Toda verdad única es música,
roja residencia de pájaros y misterios.
Los huérfanos tienen su reino
en estas lágrimas de poseído.

25

Viejo amigo, te has ido en un silencio demasiado puro.
Ojalá pudiera llenar de flores tu cuerpo y tu alma.
Tu pelo blanco ha forjado la luna,
pero ahora mi corazón guarece noches
y todo en ti es ceniza y memoria.

Sobre el autor

Adriano Ferrer López (Trujillo, Perú, 1986) forma parte de las inusuales voces de la literatura en lengua castellana. Obtuvo en la Universidad de Barcelona el título en Filología I Iispánica con un trabajo sobre el barroco en la obra de Jorge Luis Borges. Luego, en la misma universidad, culminó el Máster en Lengua Española y Literaturas Hispánicas con la tesis sobre la narrativa de la violencia política en el Perú.

Ha escrito poesía y narraciones, entre las que destacan, *Cuánto lastiman las sombras, Carina o los naufragios de la gaviota* (Segon premi de prosa, en el V Certamen Literari Antoni Vilanova de poesía y relat breu, 2010), *Un árbol de hojas blancas, Los fragmentos del enigma, La rosa en el contenedor de basura* (Segon premi de poesía, en el VII Certamen Literari Antoni Vilanova de poesía y relat breu, 2013), *Tratado del vacío 2.0, De sus ojos llueven noches* (Primer Premio en el VIII Concurso de Poesía y Prosa Narrativa Granada Joven, 2017), *Los muertos beben café en el psiquiátrico* (Ganador del XV Certamen de Poesía Gumersindo Galván de las Casas, Breña Baja, Canarias, 2019).

9 788418 912368